دار جامعة حمد بن خليفة للنشر
صندوق بريد 5825
الدوحة، دولة قطر

www.hbkupress.com

اختبر وتعلَّم مع الماء

La science est dans L'EAU

Edition Original: La science est dans *L'EAU*.

الطبعة العربية الأولى عام 2020
دار جامعة حمد بن خليفة للنشر

الترقيم الدولي: 9789927141614

تمت الطباعة في الدوحة، قطر.

مكتبة قطر الوطنية بيانات الفهرسة – أثناء – النشر (فان)

جوغلا، سيسيل، مؤلف.

[Science est dans L'EAU]. Arabic

اختبر وتعلم مع الماء / تأليف سيسيل جوغلا، جاك غيشارد ؛ رسوم لوران سيمون. الطبعة العربية الأولى. – الدوحة : دار جامعة حمد بن خليفة للنشر، 2020.

صفحة ؛ سم. - (اختبر وتعلم مع)

تدمك: 978-992-714-161-4

ترجمة لكتاب: La science est dans L'EAU.

1. الماء -- أعمال للأطفال. 2. الماء -- تجارب -- أعمال للأطفال. 3. العلوم -- تجارب -- أعمال للأطفال. أ. غيشارد، جاك، 1946- مؤلف مشارك. ب. سيمون، لوران، 1979- رسام. ج. العنوان. د. عنوان مجتزأ: ماء. هـ. السلسلة.

GB662.3 .J84125 2020

553.7– dc23

202027854413

تأليف: سيسيل جوغلا - جاك غيشارد

رسوم: لوران سيمون

دار جامعة حمد بن خليفة للنشر
HAMAD BIN KHALIFA UNIVERSITY PRESS

سيسيل جوغلا مؤلفة كتب اليافعين مقتنعة تمامًا بأن المراقبة وإجراء التجارب هما أفضل وسيلتين لمعرفة العلوم واستيعابها، لذلك ابتكرت هذه السلسلة الغنية بالاكتشافات.

جاك غيشارد مبتكر مدينة الأطفال والمدير السابق لمتحف العلوم «قصر الاكتشافات»، يسعى جاهدًا كي يضع كل المبادئ العلمية الأساسية في متناول الأطفال بأسلوب فريد.

ينفذ لوران سيمون رسومات قصص الأطفال واليافعين، ويكتب لهم في بعض الأحيان. يحب الرسم للكتب المتخصصة العلمية وغير العلمية.

اختبر وتعلَّم
مع
الماء

المحتويات

22 الصِق الأشياء بالماء.

24 املأ كوبًا فارغًا باستخدام الورق.

26 اصنع تيارًا من الماء الساخن الملوَّن.

28 أفرغ قارورة الماء
بأسرع ما يُمكن.

30 حوِّل مسار الماء دون لمسِهِ.

تعرَّف على الماء

اسكب الماء من الإبريق في كوب فارغ.
ألقِ نظرة وتفحَّص الماء عن قرب.

ما لونه؟

زهري — أخضر — لا لون له — رمادي — أحمر

الإجابة: الماء لا لون له.

الماء الجاري من الحنفية:

سائل — حلو — سريع — بطيء — جامد — مبلل — مالح — جاف

غريب!
أستطيع أن أرى عبر الماء؛ إنه شفاف.

أَمِلْ كوب الماء. كيف ترى مستواه؟

الإجابة: ج. حين أُميلُ الكوب يبقى مستوى الماء أفقيًّا.

أَوْجِدِ الشيء الوحيد الذي لا يحتوي على الماء:

الغيمة

البحيرة

النهر

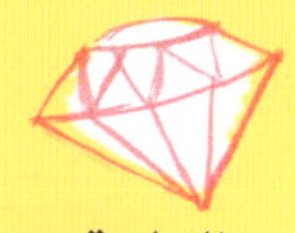

الماسة

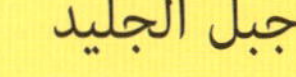

جبل الجليد

جسدك

ثمرة الخوخ

البحر

الإجابة: الماسة. فكل الأشياء الأخرى تحتوي على الماء بأشكاله المختلفة.

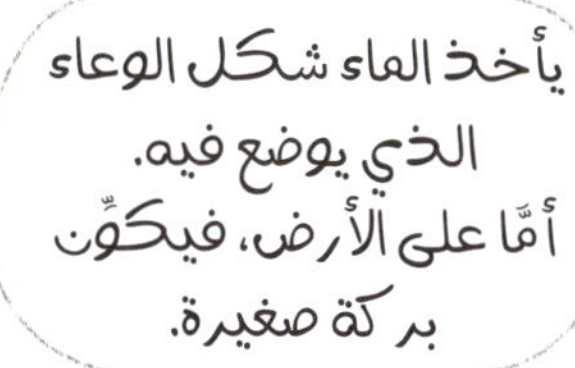

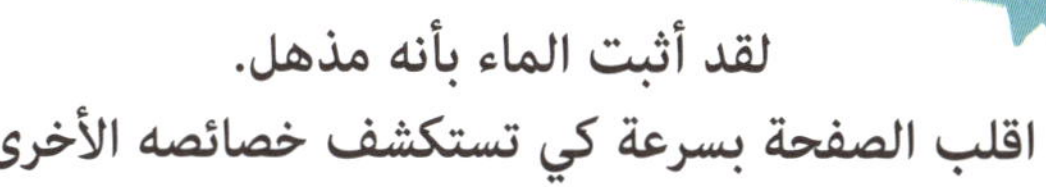

لقد أثبت الماء بأنه مذهل.
اقلب الصفحة بسرعة كي تستكشف خصائصه الأخرى.

هل الماء سائل دائمًا؟

متى يكون الماء سائلًا؟

هذا يعتمد على درجة حرارته.
يكون الماء **سائلًا** حين تتراوح درجات حرارته **بين 0 °م و100 °م**.
وتكون العناصر المجهرية المكوِّنة له غير مترابطة.

بعد 3 ساعات في الثلاجة

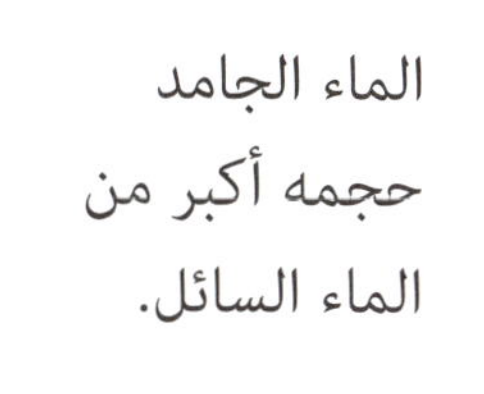

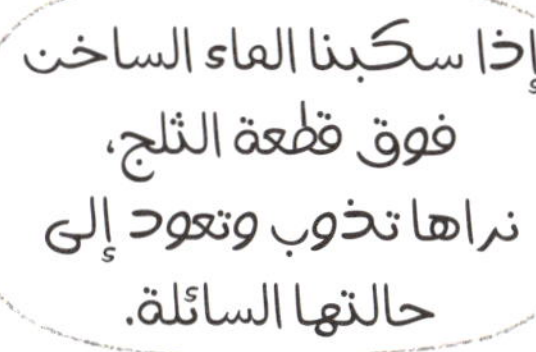

الماء الجامد
حجمه أكبر من
الماء السائل.

حيلة ذكية

خذ مكعب ثلج من الثلاجة، وضعه في كوب ماء.
نراه يطفو لأنه أخف وزنًا من الماء السائل.

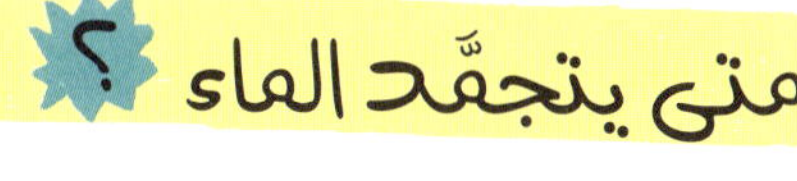

متى يتجمَّد الماء؟

يتجمَّد الماء ويصبح **صلبًا** حين تنخفض درجة حرارته إلى **ما دون 0** °م. وتكون العناصر المجهرية المكوِّنة له مترابطة ومتماسكة بقوة.

تهانينا: صرت تعرف أنَّ الماء يتخذ أشكالًا مختلفة، إن كان جامدًا أو سائلًا. وإليك المزيد...

الماء يختفي ويظهر المطر

لماذا تظهر الفقاقيع في الماء، وكيف يختفي حين يسخن؟

يغلي الماء ويكوِّن الفقاقيع عند درجة **حرارة 100** °م،
ثم يتحوَّل إلى **غاز** غير مرئي، **ويتبخر** في الهواء.

كيف تشكَّل هذا المطر، وهذا البخار، وهذه الغيمة؟

حين يلامس بخار الماء الغطاء البلاستيكي وجوانب الوعاء والهواء وكلها **أكثر برودة**، يتحول **الماء** من حالة الغاز إلى حالة **السائل**: إنه **يتكثف**.

ممتاز! صرت تعرف أنَّ الماء يتحوَّل إلى غاز، ويعود لحالته السائلة حين يتكثف.

ابتكر خلطات مذهلة

ماذا يحدث بعد ذلك؟

يبقى الشراب المحلّى والقهوة ممزوجين بالماء. يذوبان فيه ويشكلان محلولًا متجانسًا.

أمر لا يصدَّق!

تذوب القهوة في الماء الساخن، مثل السكر والملح، بشكل أفضل وأسرع منه في الماء البارد، لأن العناصر المجهرية للماء الساخن تتحرك بسرعة أكبر.

التراب يتبعثر.

الزيت خفيف الوزن، لذلك يطفو فوق الماء.

أرى التراب **معلقًا** في الماء
ويجعله عكِرًا.

تتناثر بقع الزيت في الماء: هذا **مستحلب**.

التراب يغوص في قعر الماء.
هذا هو **الترسيب**.

الزيت يطفو على السطح.
هذا **مستحلب متغيِّر**.

يا لك من عبقري! محلول، مستحلب، معلَّق؛ لقد أدركت تمامًا أنَّ بعض المواد يختلط بالماء، وبعضها الآخر لا يختلط.

يطفو أو يغوص؟

السدادة **خفيفة** الوزن ولذلك **تطفو**.
وتصبح مع العجينة **ثقيلة** الوزن **وتغوص**.

القارب يشغل **مساحة أوسع** من **الكرة** على سطح الماء، وهو ما يجعله **يطفو**.

صرتَ تعرف مبدأ أرخميدس: تطفو الأشياء على سطح الماء إذا كانت خفيفة الوزن، أو كان شكلها متكيفًا ومناسبًا.

اجعل سطح الماء مُحدَّبًا

أغطِّسُ عملة معدنية بشكل عمودي ... بلطف ودون أن ألمس الماء بأصابعي.

كوب ماء ممتلئ حتى الحافة

كم عملة معدنية يستوعبها كوب الماء قبل أن يفيض؟

تارارااتتتا!

سأتبلل! أفضل ألا أنظر...

كيف يتحدَّب سطح الماء ؟

تنجذب العناصر المجهرية المكوِّنة للماء نحو السطح، وتشكل **ما يشبه الغلاف**، والذي يحيط بالقطرات أيضًا. تُسمَّى هذه الظاهرة «التوتر السطحي للماء».

أمر لا يصدَّق! سيداتي وسادتي، قعر الماء مليء بقطع العملة المعدنية...

... سطح الماء يبدو مقوَّسًا، لكنه لا يفيض!

انظروا معي... الكوب سيفيض بالتأكيد مع هذه القطعة الإضافية...

حيلة ذكية

ضع بضع قطرات من الماء فوق قطعة معدنية. انظر إليها عن قرب، ستُشكِّل نقطة كبيرة محدَّبة كالعدسة.

رائع!
بدون الحاجة للمكبِّر، نجحتَ في اكتشاف التوتر السطحي للماء.

الصق الأشياء بالماء

لماذا تتشكل قطرة الماء على البطاقة؟

لأن البطاقة مصنوعة من البلاستيك الكتيم، أي المقاوم للماء ولا يمتصه. أما الورق النشَّاف فهو نفيذ، والماء يخترقه.

حيلة ذكية

حاول أن تضع قطرات ماء على قميص، ومشمَّع، وورق ألومنيوم... واختبر الكتيم منها والنفيذ.

لماذا التصقت البطاقة بسطح المقلاة السفلي على عكس الورقة النشّافة؟

بسبب قطرات الماء الموجودة على البطاقة. تتجاذب العناصر المجهرية على سطح القطرات، وتجذب العناصر الموجودة على سطح المقلاة أيضًا.

يا لها من براعة! صرتَ على علم بوجود مواد كتيمة وأخرى نفيذة، وأنَّ قطرات الماء تلتصق بالكتيمة منها.

املأ كوبًا فارغًا باستخدام الورق

ماء ممزوج بـ3 قطرات من ملوّن أزرق للطعام.

ماء ممزوج بـ3 قطرات من ملوّن أصفر للطعام.

بعد 15 دقيقة

لماذا امتلأ الكوب الفارغ بالماء الأخضر ؟

لأنَّ **ألياف الورق** النشّاف «**تمتص**» الماء الأزرق والأصفر، وتنقله إلى الكوب الفارغ. ويختلط اللونان الأزرق والأصفر ويعطيان اللون الأخضر.

يا للبراعة! لقد اكتشفتَ مبدأ الخاصية الشعريَّة الذي يتيح للورق «امتصاص» الماء... مثلما يتيح للشجرة امتصاص الماء وصولًا إلى قمتها.

اصنع تيارًا من الماء الساخن الملوّن

لماذا يصعد الماء الساخن إلى السطح؟

لأنه **أخف وزنًا من الماء البارد** الذي يحيط به.

أمر لا يصدَّق!

يوجد تيارات ماء ساخن على سطح المحيطات تدفئ شواطئنا.

تهانينا! تعلمتَ أنَّ الماء الساخن أخف وزنًا من الماء البارد.

أفرِغ قارورة الماء بأسرع ما يُمكن

10 ثوان

يتدفق الماء متقطعًا ويصدر صوتًا، لأن الهواء خارج القارورة يضغط على الماء، ويمنعه من الجريان بسهولة.

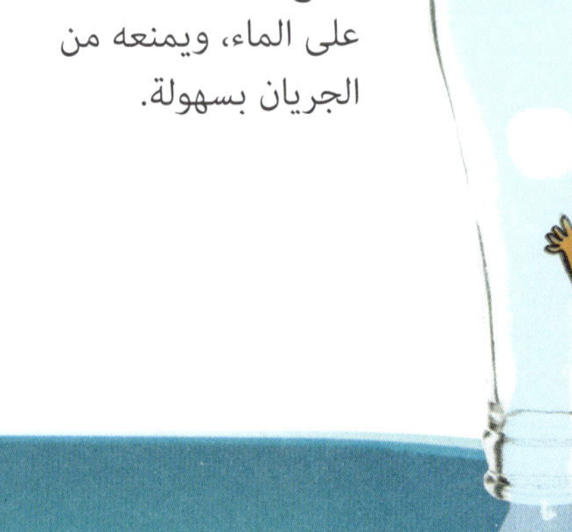

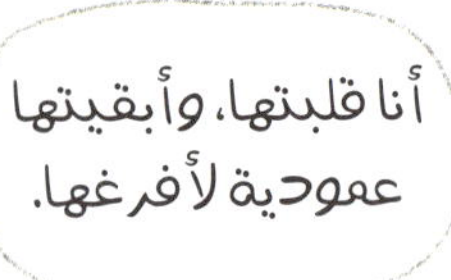

8 ثوان

يسيل الماء بسرعة أكبر حين تكون القارورة نصف فارغة، لأنَّ الهواء يدخل إليها ويدفع الماء نحو الخارج.

5 ثوان

الماء يسيل بسرعة. تدفعه القوة الطاردة المركزية نحو الجوانب. ويشكل الهواء داخل القارورة دوَّامة تدفع الماء إلى الخارج.

يا للروعة! اكتشفتَ أنَّ ضغط الهواء أقوى من ضغط الماء.

حوِّل مسار الماء دون لمسِهِ

كيف تحوِّل المسطرة مسار الماء الجاري؟

احتكت المسطرة بالكنزة، وصارت مشحونة **بالكهرباء الساكنة**، **وجذبت** الماء.

أمر لا يصدَّق!

لا تلمس جهازًا كهربائيًّا إن كانت يداك مبتلتين أبدًا. الماء ناقل جيد للكهرباء، فاحذروا من صعقات الكهرباء!

أنت الآن كهربائي محترف!
صرت تعرف أنَّ الماء ناقل ممتاز للكهرباء.